INSTRUÇÃO SOBRE OS CRITÉRIOS DE DISCERNIMENTO VOCACIONAL ACERCA DAS PESSOAS COM TENDÊNCIAS HOMOSSEXUAIS E DA SUA ADMISSÃO AO SEMINÁRIO E ÀS ORDENS SACRAS

Coleção Documentos da Igreja

1 – A mensagem de Fátima – Congregação para a Doutrina da Fé

2 – Declaração Dominus Iesus *sobre a unicidade e a universalidade salvífica de Jesus Cristo e da Igreja* – Congregação para a Doutrina da Fé

3 – Instrução sobre as orações para alcançar de Deus a cura – Congregação para a Doutrina da Fé

4 – Família, matrimônio e "uniões de fato" – Conselho Pontifício para a Família

5 – A Igreja e as outras religiões: diálogo e missão – Secretariado para os não-cristãos

6 – Igreja e internet – Pontifício Conselho para as Comunicações Sociais

7 – Ética na internet – Pontifício Conselho para as Comunicações Sociais

8 – O povo judeu e as suas sagradas escrituras na Bíblia Cristã – Pontifícia Comissão Bíblica

9 – Partir de Cristo: um renovado compromisso da vida consagrada no terceiro milênio – Instrução – Congregação para os Institutos de Vida Consagrada e as Sociedades de Vida Apostólica

10 – O presbítero: pastor e guia da comunidade paroquial – Instrução – Congregação para o Clero

11 – Nota doutrinal sobre algumas questões relativas à participação e comportamento dos católicos na vida política – Congregação para a Doutrina da Fé

12 – Diretório sobre Piedade Popular e Liturgia – Princípios e Orientações – Congregação para o Culto Divino e a Disciplina dos Sacramentos

13 – Jesus Cristo, portador da água viva: uma reflexão cristã sobre a Nova Era – Pontifício Conselho da Cultura e Pontifício Conselho para o Diálogo Inter-religioso

14 – Considerações sobre os projetos de reconhecimento legal das uniões entre pessoas homossexuais – Congregação para a Doutrina da Fé

15 – Instrução Erga Migrantes Caritas Christi: *a caridade de Cristo para com os migrantes* – Pontifício Conselho da Pastoral para os Migrantes e os Itinerantes

16 – Instrução Redemptionis Sacramentum *sobre alguns aspectos que se devem observar e evitar acerca da Santíssima Eucaristia* – Congregação para o Culto Divino e a Disciplina dos Sacramentos

17 – Carta aos bispos da Igreja Católica sobre a colaboração do homem e da mulher na Igreja e no mundo – Congregação para a Doutrina da Fé

18 – Ano da Eucaristia: sugestões e propostas – Congregação para o Culto Divino e a Disciplina dos Sacramentos

19 – A Eucaristia: fonte e ápice da vida e da missão da Igreja – Instrumentum laboris – Sínodo dos Bispos – XI Assembléia Geral Ordinária

20 – Instrução sobre os critérios de discernimento vocacional acerca das pessoas com tendências homossexuais e da sua admissão ao Seminário e às Ordens sacras – Congregação para a Educação Católica

CONGREGAÇÃO PARA A EDUCAÇÃO CATÓLICA

INSTRUÇÃO SOBRE OS CRITÉRIOS DE DISCERNIMENTO VOCACIONAL ACERCA DAS PESSOAS COM TENDÊNCIAS HOMOSSEXUAIS E DA SUA ADMISSÃO AO SEMINÁRIO E ÀS ORDENS SACRAS

Direção-geral: *Flávia Reginatto*
Editora responsável: *Vera Ivanise Bombonatto*

Paulinas

Rua Pedro de Toledo, 164
04039-000 – São Paulo – SP (Brasil)
Tel.: (11) 2125-3549 – Fax: (11) 2125-3548
http://www.paulinas.org.br – editora@paulinas.org.br
Telemarketing e SAC: 0800-7010081

Introdução

Em continuidade com o ensinamento do Concílio Vaticano II e, em particular, com o decreto *Optatam totius*,[1] sobre a formação sacerdotal, a Congregação para a Educação Católica publicou diversos documentos para promover uma adequada formação integral dos futuros sacerdotes, oferecendo orientações e normas concretas relativas aos seus vários aspectos.[2] Entretanto, também o

---

[1] CONCÍLIO ECUMÊNICO VATICANO II, Decreto sobre a formação sacerdotal *Optatam totius* (28 de outubro de 1965), AAS 58 (1966) 713-727.

[2] Cf. CONGREGAÇÃO PARA A EDUCAÇÃO CATÓLICA, *Ratio fundamentalis institutionis sacerdotalis* (6 de janeiro de 1970; nova edição, 19 de março de 1985); O ensino da filosofia nos Seminários (20 de janeiro de 1972); Orientações educativas sobre o celibato eclesiástico (11 de abril de 1974); O ensino do Direito Canônico aos candidatos ao sacerdócio (2 de abril de 1975); A formação teológica dos futuros sacerdotes (22 de fevereiro de 1976); *Epistula circularis de formatione vocationum adultarum* (14 de julho de 1976); Instrução sobre a formação litúrgica nos Seminários (3 de junho de 1979); Carta circular sobre alguns aspectos mais urgentes da formação espiritual nos Seminários (6 de janeiro de 1980); Orientações educativas sobre o amor humano. Linhas gerais para a educação sexual (1º de novembro de 1983); A pastoral da mobilidade humana na formação dos futuros sacerdotes (25 de janeiro de 1986); Orientações para a formação dos futuros sacerdotes acerca dos instrumentos da comunicação social (19 de março de 1986); Carta circular acerca dos estudos das Igrejas Orientais (6 de janeiro de 1987); A Virgem Maria na formação intelectual e espiritual (25 de março de 1988); Orientações para o estudo e o ensino da doutrina social da Igreja na formação sacerdotal (30 de dezembro de 1988); Instrução sobre o estudo dos Padres da Igreja na formação sacerdotal (10 de novembro de 1989); Diretivas sobre a preparação dos educadores nos Seminários (4 de novembro

Sínodo dos Bispos de 1990 refletiu sobre a formação dos sacerdotes nas circunstâncias atuais, com o intento de levar a cabo a doutrina conciliar sobre esta temática e de a tornar mais explícita e incisiva no mundo contemporâneo. Na seqüência desse Sínodo, João Paulo II publicou a Exortação pós-sinodal *Pastores dabo vobis*.[3]

À luz deste rico ensinamento, a presente Instrução não pretende deter-se sobre todas as questões de ordem afetiva ou sexual que requerem um discernimento atento durante todo o período da formação. Esta Instrução contém normas acerca de uma questão particular, que a situação atual tornou mais urgente, isto é, a admissão ou não ao Seminário e às Ordens sacras dos candidatos que tenham tendências homossexuais profundamente radicadas.

---

de 1993); Diretivas sobre a formação dos seminaristas acerca dos problemas relativos ao matrimônio e à família (19 de março de 1995); Instrução às Conferências Episcopais acerca da admissão ao Seminário dos candidatos provenientes de outros Seminários ou Famílias religiosas (9 de outubro de 1986 e 8 de março de 1996); O período propedêutico (1º de maio de 1998); Cartas circulares acerca das normas canônicas relativas às irregularidades e aos impedimentos *ad Ordines recipiendos* e *ad Ordines exercendos* (27 de julho de 1992 e 2 de fevereiro de 1999).

[3] JOÃO PAULO II, Exortação apostólica pós-sinodal *Pastores dabo vobis* (25 de março de 1992), AAS 84 (1992) 657-864.

1

Maturidade afetiva e paternidade espiritual

Segundo a Tradição constante da Igreja, só o batizado de sexo masculino recebe validamente a sagrada Ordenação.[1] Por meio do sacramento da Ordem, o Espírito Santo configura o candidato a Jesus Cristo, por um título novo e específico. O sacerdote, com efeito, representa sacramentalmente Cristo, Cabeça, Pastor e Esposo da Igreja.[2] Por causa dessa configuração a Cristo, toda a vida do ministro sagrado deve ser animada pelo dom de toda a sua pessoa à Igreja e por uma autêntica caridade pastoral.[3]

---

[1] Cf. C.I.C., can. 1024, e C.C.E.O., can. 754; JOÃO PAULO II, Carta apostólica *Ordinatio sacerdotalis* sobre a Ordenação sacerdotal exclusivamente reservada aos homens (22 de maio de 1994), AAS 86 (1994) 545-548.

[2] Cf. CONCÍLIO ECUMÊNICO VATICANO II, Decreto sobre o ministério e a vida dos presbíteros *Presbyterorum ordinis* (7 de dezembro de 1965), n. 2, AAS 58 (1966) 991-993; *Pastores dabo vobis*, n. 16, AAS 84 (1992) 681-682.
Acerca da configuração a Cristo, Esposo da Igreja, a *Pastores dabo vobis* afirma: "O sacerdote é chamado a ser imagem viva de Jesus Cristo Esposo da Igreja [...]. Portanto, ele é chamado na sua vida espiritual a reviver o amor de Cristo Esposo na sua relação com a Igreja Esposa. A sua vida deve ser iluminada e orientada também por este tratamento nupcial que lhe exige ser testemunha do amor nupcial de Cristo" (n. 22), AAS 84 (1992) 691.

[3] Cf. *Presbyterorum ordinis*, n. 14, AAS 58 (1966) 1013-1014; *Pastores dabo vobis*, n. 23, AAS 84 (1992) 691-694.

Por isso, o candidato ao ministério ordenado deve atingir a maturidade afetiva. Tal maturidade torná-lo-á capaz de estabelecer uma correta relação com homens e com mulheres, desenvolvendo nele um verdadeiro sentido da paternidade espiritual em relação à comunidade eclesial que lhe será confiada.[4]

[4] Cf. CONGREGAÇÃO PARA O CLERO, Diretório *Dives Ecclesiae* para o ministério e a vida dos presbíteros (31 de março de 1994), n. 58.

2

A homossexualidade e o ministério ordenado

Desde o Concílio Vaticano II até hoje, diversos documentos do Magistério, e especialmente o *Catecismo da Igreja Católica*, confirmaram o ensinamento da Igreja sobre a homossexualidade. O *Catecismo* distingue entre os atos homossexuais e as tendências homossexuais.

Quanto aos *atos*, ensina que, na Sagrada Escritura, esses são apresentados como pecados graves. A Tradição sempre os considerou como intrinsecamente imorais e contrários à lei natural. Por conseguinte, não podem ser aprovados em caso algum.

No que respeita às *tendências* homossexuais profundamente radicadas, que um certo número de homens e mulheres apresenta, também elas são objetivamente desordenadas e constituem freqüentemente, mesmo para tais pessoas, uma provação. Estas devem ser acolhidas com respeito e delicadeza; evitar-se-á, em relação a elas, qualquer marca de discriminação injusta. Essas pessoas são chamadas a realizar na sua vida a vontade de Deus e a unir ao sacrifício da cruz do Senhor as dificuldades que possam encontrar.[1]

---

[1] Cf. *Catecismo da Igreja Católica* (edição típica, 1997), nn. 2357-2358. Cf. também os diversos documentos da CONGREGAÇÃO PARA A DOUTRINA

À luz de tal ensinamento, este Dicastério, de acordo com a Congregação para o Culto Divino e a Disciplina dos Sacramentos, considera necessário afirmar claramente que a Igreja, embora respeitando profundamente as pessoas em questão,[2] não pode admitir ao Seminário e às Ordens sacras aqueles que praticam a homossexualidade, apresentam tendências homossexuais profundamente radicadas ou apóiam a chamada *cultura gay*.[3]

Essas pessoas encontram-se, de fato, numa situação que obstaculiza gravemente um correto relacionamento com homens e mulheres. De modo algum, se hão de transcurar as

---

DA FÉ: Declaração *Persona humana* sobre algumas questões de ética sexual (29 de dezembro de 1975); Carta *Homosexualitatis problema* aos Bispos da Igreja Católica sobre o cuidado pastoral das pessoas homossexuais (1º de outubro de 1986); Algumas reflexões acerca da resposta a propostas legislativas sobre a não-discriminação das pessoas homossexuais (23 de julho de 1992); Considerações sobre os projetos de reconhecimento legal das uniões entre pessoas homossexuais (3 de junho de 2003).
Quanto à inclinação homossexual, a Carta *Homosexualitatis problema* afirma: "A particular inclinação da pessoa homossexual, apesar de não ser em si mesma um pecado, constitui todavia uma tendência, mais ou menos acentuada, para um comportamento intrinsecamente mau do ponto de vista moral. Por este motivo, a própria inclinação deve ser considerada como objetivamente desordenada" (n. 3).

[2] Cf. *Catecismo da Igreja Católica* (edição típica, 1997), n. 2358; Cf. C.I.C., can. 208, e C.C.E.O., can. 11.

[3] Cf. CONGREGAÇÃO PARA A EDUCAÇÃO CATÓLICA, *A memorandum to Bishops seeking advice in matters concerning homosexuality and candidates for admission to Seminary* (9 de julho de 1985); CONGREGAÇÃO PARA O CULTO DIVINO E A DISCIPLINA DOS SACRAMENTOS, Carta (16 de maio de 2002), *Notitae* 38 (2002) 586.

conseqüências negativas que podem derivar da Ordenação de pessoas com tendências homossexuais profundamente radicadas.

Diversamente, no caso de se tratar de tendências homossexuais que sejam apenas expressão de um problema transitório como, por exemplo, o de uma adolescência ainda não completa, elas devem ser claramente superadas, pelo menos três anos antes da Ordenação diaconal.

3

O discernimento da idoneidade dos candidatos por parte da Igreja

Há dois aspectos indissociáveis na vocação sacerdotal: o dom gratuito de Deus e a liberdade responsável do homem. A vocação é um dom da graça divina, recebido através da Igreja, na Igreja e para o serviço da Igreja. Ao responder ao chamamento de Deus, o homem oferece-se livremente a ele no amor.[1] O simples desejo de ser sacerdote não é suficiente, e não existe um direito de receber a sagrada Ordenação. Compete à Igreja, na sua responsabilidade de definir os requisitos necessários para a recepção dos Sacramentos instituídos por Cristo, discernir a idoneidade daquele que quer entrar no Seminário,[2] acompanhá-lo durante os anos da formação e chamá-lo às Ordens sacras, se for julgado possuidor das qualidades requeridas.[3]

---

[1] Cf. *Pastores dabo vobis*, nn. 35-36, AAS 84 (1992) 714-718.

[2] Cf. C.I.C., can. 241, § 1: "O Bispo diocesano só admita ao seminário maior aqueles que, pelo seus dotes humanos e morais, espirituais e intelectuais, saúde física e psíquica, e ainda pela vontade reta, sejam julgados aptos para se dedicarem perpetuamente aos ministérios sagrados"; C.C.E.O., can 342, § 1.

[3] Cf. *Optatam totius*, n. 6, AAS 58 (1966) 717. Cf. também C.I.C., can. 1029: "Somente se promovam às Ordens aqueles que, segundo o prudente juízo do Bispo próprio ou do Superior maior competente, ponderadas todas as circunstâncias, tenham fé íntegra, sejam movidos de reta intenção, possuam a ciência de vida, boa reputação, integridade de costumes, virtudes compro-

A formação do futuro sacerdote deve articular, numa essencial complementaridade, as quatro dimensões da formação: humana, espiritual, intelectual e pastoral.[4] Neste contexto, é preciso salientar a importância particular da formação humana, fundamento necessário de toda a formação.[5] Para admitir um candidato à Ordenação diaconal, a Igreja deve verificar, entre outras coisas, que tenha sido atingida a maturidade afetiva do candidato ao sacerdócio.[6]

O chamamento às Ordens é responsabilidade pessoal do Bispo[7] ou do Superior Geral. Tendo presente o parecer daqueles a quem confiaram a responsabilidade da formação,

---

vadas e bem como outras qualidades físicas e psíquicas consentâneas com a ordem a receber"; C.C.E.O., can. 758.
Não admitir às Ordens aquele que não tem as qualidades requeridas não é uma injusta discriminação: Cf. CONGREGAÇÃO PARA A DOUTRINA DA FÉ, Algumas reflexões acerca da resposta a propostas legislativas sobre a não-discriminação das pessoas homossexuais.

[4] Cf. *Pastores dabo vobis*, nn. 43-59, AAS 84 (1992) 731-762.

[5] Cf. *ibidem*, n. 43: "O presbítero, chamado a ser 'imagem viva de Jesus Cristo Cabeça e Pastor da Igreja', deve procurar refletir em si mesmo, na medida do possível, aquela perfeição humana que resplandece no Filho de Deus feito homem e que transparece com particular eficácia nas suas atitudes para com os outros", AAS 84 (1992) 732.

[6] Cf. *ibidem*, nn. 44 e 50, AAS 84 (1992) 733-736 e 746-748. Cf. também CONGREGAÇÃO PARA O CULTO DIVINO E A DISCIPLINA DOS SACRAMENTOS, Carta circular *Entre las más delicadas* a los Exc.mos y Rev.mos Senõres Obispos diocesanos y demás Ordinarios canónicamente facultados para llamar a las Sagradas Órdenes, sobre los escrutinios acerca de la idoneidad de los candidatos (10 de novembro de 1997), *Notitae* 33 (1997) 495-506, particularmente o Anexo V.

[7] Cf. CONGREGAÇÃO PARA OS BISPOS, Diretório para o Ministério pastoral dos Bispos *Apostolorum Successores* (22 de fevereiro de 2004), n. 88.

o Bispo ou o Superior Geral, antes de admitir à Ordenação o candidato, devem chegar a um juízo moralmente certo sobre as suas qualidades. No caso de uma séria dúvida a seu respeito, não devem admiti-lo à Ordenação.[8]

O discernimento da vocação e da maturidade do candidato é uma grave responsabilidade também do reitor e dos outros formadores do Seminário. Antes de cada Ordenação, o reitor deve exprimir um seu juízo sobre as qualidades do candidato requeridas pela Igreja.[9]

No discernimento da idoneidade para a Ordenação, compete ao diretor espiritual uma função importante. Apesar de estar vinculado pelo segredo, ele representa a Igreja no foro interno. Nos colóquios com o candidato, o diretor espiritual deve recordar, nomeadamente, as exigências da Igreja acerca da castidade sacerdotal e da maturidade afetiva específica do sacerdote, e também ajudá-lo a discernir se tem as qualidades necessárias.[10] Ele tem a obrigação de avaliar todas as qualidades da personalidade e assegurar-se de que o candidato não apresente distúrbios sexuais

---

[8] Cf. C.I.C., can 1052, § 3: "Se [...] o Bispo tiver boas razões para duvidar se o candidato é idôneo para ser ordenado, não o ordene". Cf. também C.C.E.O., can. 770.

[9] Cf. C.I.C., can 1051: "No concernente ao escrutínio relativo às qualidades requeridas no ordinado [...], obtenha-se o testemunho do reitor do seminário ou casa de formação sobre as qualidades requeridas para a recepção da Ordem, a saber: reta doutrina, piedade genuína, bons costumes, aptidão para exercer o ministério; e bem como, depois de feitas as investigações convenientes, acerca do seu estado de saúde física e psíquica".

[10] Cf. *Pastores dabo vobis*, nn. 50 e 66, AAS 84 (1992) 746-748 e 772-774. Cf. também *Ratio fundamentalis institutionis sacerdotalis*, n. 48.

incompatíveis com o sacerdócio. Se um candidato pratica a homossexualidade ou apresenta tendências homossexuais profundamente radicadas, o seu diretor espiritual, bem como o seu confessor, tem o dever, em consciência, de o dissuadir de prosseguir para a Ordenação.

Não se pode esquecer que o próprio candidato é o primeiro responsável da sua formação.[11] Ele deve apresentar-se com confiança ao discernimento da Igreja, do Bispo que chama às Ordens, do reitor do Seminário, do diretor espiritual e dos outros educadores do Seminário a quem o Bispo ou o Superior Geral confiaram a formação dos futuros sacerdotes. Seria gravemente desonesto que um candidato ocultasse a própria homossexualidade para aceder, não obstante tudo, à Ordenação. Um procedimento tão inautêntico não corresponde ao espírito de verdade, de lealdade e de disponibilidade que deve caracterizar a personalidade daquele que se sente chamado a servir Cristo e a sua Igreja no ministério sacerdotal.

---

[11] Cf. *Pastores dabo vobis*, n. 69, AAS 84 (1992) 778.

Conclusão

Esta Congregação reforça a necessidade de que os Bispos, os Superiores Gerais e todos os responsáveis interessados façam um atento discernimento acerca da idoneidade dos candidatos às Ordens sacras, desde a admissão no Seminário até à Ordenação. Esse discernimento deve ser feito à luz de uma concepção do sacerdócio ministerial que esteja de acordo com o ensinamento da Igreja.

Os Bispos, as Conferências Episcopais e os Superiores Gerais vigiem para que as normas desta Instrução sejam observadas fielmente para o bem dos próprios candidatos e para garantir sempre à Igreja sacerdotes idôneos, verdadeiros pastores segundo o coração de Cristo.

O Sumo Pontífice Bento XVI, no dia 31 de agosto de 2005, aprovou a presente Instrução e ordenou a sua publicação.

Roma, 4 de novembro de 2005, Memória de São Carlos Borromeu, Padroeiro dos Seminários.

† *Zenon Card. Grocholewski*
Prefeito

† *J. Michael Miller, C.S.B.*
Arcebispo titular de Vertara
Secretário

Sumário

Impresso na gráfica da
Pia Sociedade Filhas de São Paulo
Via Raposo Tavares, km 19,145
05577-300 - São Paulo, SP - Brasil - 2005